Massa Muscolare: Scopri i Segreti dell'Allenamento Funzionale a Corpo Libero e la Definizione da Casa con una Preparazione Atletica e Alimentazione Sportiva per la Massa Muscolare e il Body Building

Tony Bramlett

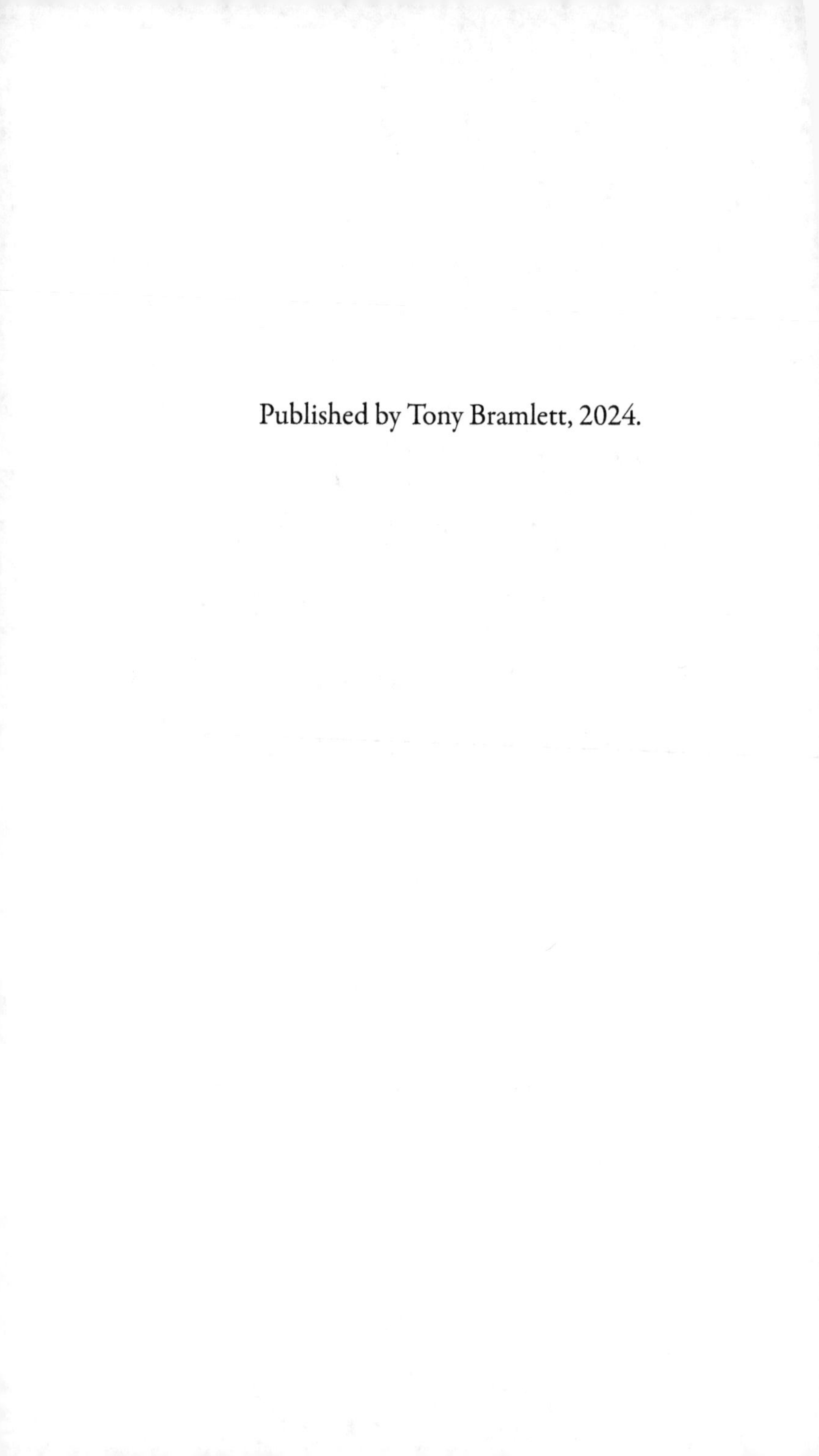

While every precaution has been taken in the preparation of this book, the publisher assumes no responsibility for errors or omissions, or for damages resulting from the use of the information contained herein.

MASSA MUSCOLARE: SCOPRI I SEGRETI DELL'ALLENAMENTO FUNZIONALE A CORPO LIBERO E LA DEFINIZIONE DA CASA CON UNA PREPARAZIONE ATLETICA E ALIMENTAZIONE SPORTIVA PER LA MASSA MUSCOLARE E IL BODY BUILDING

First edition. September 10, 2024.

Copyright © 2024 Tony Bramlett.

ISBN: 979-8227484253

Written by Tony Bramlett.

Also by Tony Bramlett

Bodybuilding: I Segreti del Body Building, l'Allenamento in Palestra per Mettere Massa Muscolare, Sviluppare Muscoli e Addominali

Alimentazione Sportiva: Scopri i Segreti della Dieta per l'Allenamento Funzionale a Corpo Libero e la Definizione da Casa per una Preparazione Atletica, Sviluppo di Massa Muscolare e Body Building

Alimentazione Sportiva: Scopri i Segreti della Dieta per l'Allenamento Funzionale a Corpo Libero e la Definizione da Casa per una Preparazione Atletica, Sviluppo di Massa Muscolare e Body Building

Massa Muscolare: Scopri i Segreti dell'Allenamento Funzionale a Corpo Libero e la Definizione da Casa con una Preparazione Atletica e Alimentazione Sportiva per la Massa Muscolare e il Body Building

Sommario

Introduzione

Sviluppare la massa muscolare, è uno degli obiettivi di moltissime persone che si approcciano al mondo dell'allenamento; per ottenere questo risultato alcuni scelgono di iscriversi in palestra, altri preferiscono tenersi in forma direttamente a casa in autonomia, seguendo un tipo di allenamento detto "funzionale".

Il training funzionale punta allo svolgimento di esercizi che richiamano movenze naturali, che vengono compiute giornalmente; per effettuare questo tipo di workout è necessario sfruttare la forza del proprio corpo, e accompagnarsi con piccoli strumenti di supporto. Non servono assolutamente macchinari complessi e costosi come quelli che si trovano nei centri fitness.

L'obiettivo principale di questo allenamento, non è quello di aumentare la massa muscolare per apparire esteticamente belli, ma fare movimento per diventare più atletici e prestanti; si possono ottenere risultati migliori di quelli che si raggiungerebbero in palestra. I muscoli si sviluppano con armonia, e si potrà arrivare ad una forma fisica da bodybuilder con impegno e costanza. I tessuti muscolari vengono allenati nel loro insieme; non ci si concentra sull'isolamento di specifiche fasce, ma si va a sfruttare al massimo la forza del proprio corpo, in abbinamento con dei pesi, per andare ad aumentare col tempo l'intensità degli esercizi.

Importantissima sarà anche l'alimentazione, la massa per crescere richiede determinati principi nutritivi, una dieta sana e bilanciata; le proteine sono fondamentali, ma lo sono anche tutti i nutrienti assunti nelle giuste quantità.

Creare muscoli non è semplice, ma nemmeno impossibile; con impegno e determinazione si potranno raggiungere dei risultati a dir poco eccellenti.

La scelta migliore sarebbe quella di creare una piano di allenamento e di alimentazione settimanale, mettendo tutto per iscritto; programmando gli orari tutto diventerà più semplice, funzionale, ed efficace. Spesso si è presi dagli impegni della vita, e non si lascia il giusto spazio per la cura personale; facendo invece un programma si riuscirà a ritagliare una piccola parte di tempo, da dedicare al miglioramento di se stessi e del proprio corpo.

Capitolo 1

1.1- MASSA MUSCOLARE

Moltissime persone desiderano migliorare il loro aspetto andando ad aumentare la massa muscolare, non è però un percorso semplice e rapido.

Con il termine "massa muscolare", si fa riferimento a tutto un composto di cellule che unite formano i muscoli; quest'ultimi sono tessuti che hanno bisogno di essere costantemente idratati, tramite l'assunzione di acqua, perché sono elastici, e necessitano di rimanere sempre ben lubrificati per muoversi meglio.

Una cosa che spesso capita, dopo qualche mese di allenamento, è la seguente: fisicamente la persona si sente più forte, ma non vede dei risultati concreti sull'aspetto esteriore; i muscoli non sono più grossi o definiti. Questo meccanismo porta il soggetto a demoralizzarsi, e a "gettare la spugna"; è invece importante tenere duro e continuare ad insistere.

Ci sono alcune cose da sapere quando si decide di intraprendere questo tipo di percorso:

• Inizialmente nel corso delle prime settimane, ci si sentirà più forti, ma i muscoli non aumenteranno visibilmente. Nella prima fase inizieranno a svilupparsi la coordinazione e la resistenza.

• Dopo circa 2 mesi si inizieranno a vedere i primi miglioramenti nel corso degli esercizi, si riusciranno a fare più ripetizioni e a svolgere allenamenti più intensivi; a livello estetico però non si avranno ancora risultati evidenti. Questo è proprio il momento in cui bisogna tenere più duro e non mollare.

• I tessuti muscolari si indeboliscono e rovinano in seguito agli allenamenti, hanno quindi bisogno di periodi di recupero per rinforzarsi e ripararsi. Non bisogna quindi esagerare con l'attività fisica se non si vedono subito i risultati; ogni cosa ha il suo tempo.

Piano piano si raggiungeranno gli obiettivi desiderati, i muscoli si svilupperanno grazie ad un allenamento costante, e a un alimentazione equilibrata, mirata, e sana. Il training andrà ad aumentare di intensità col tempo, la progressività è fondamentale quando si parla di tessuti muscolari.

Per allenarsi si possono scegliere tante opzioni differenti: iscriversi in palestra, allenarsi a casa in autonomia, frequentare un corso di gruppo, fare uno sport, ecc...

Ognuno può optare per ciò che preferisce; è però stato individuato che uno dei percorsi migliori per sviluppare i tessuti muscolari, è un allenamento funzionale a corpo libero, che può essere svolto anche in casa, o ovunque ci si trovi.

1.2- COME AUMENTARE I MUSCOLI

In line generale per la crescita muscolare ha un ruolo fondamentale la genetica, e in secondo luogo l'allenamento. Chiaramente alcune persone sono più propense di altre a sviluppare un determinato tipo di struttura fisica, ma con il giusto impegno tutti possono raggiungere l'obiettivo.

Per ottenere risultati concreti è necessario fare attenzione a tutta una serie di dettagli, che è bene considerare:

• Per chi parte da zero, è necessario svolgere almeno 3 allenamenti a settimana; se si parte già con una buona struttura muscolare, se ne possono fare anche di più, e più intensivi.

• È importantissimo rispettare i tempi di recupero; una persona che si approccia per la prima volta agli allenamenti e li segue per meno di mezz'ora, avrà bisogno di un giorno di relax per riprendersi. Se invece il workout è intensivo sarà necessario più tempo, almeno due giorno di stop. Per coloro che sono invece molto allenati, sarebbe ottimale fare workout con maggior costanza, e tenere al massimo due giornate di fermo.

• È importante svolgere gli esercizi con una certa coscienza; bisogna fare attenzione ai movimenti per evitare di commettere errori e farsi del male. Ogni gesto sarebbe da svolgere lentamente, in modo tale che i muscoli lavorino al massimo e ottengano risultati pazzeschi.

• Col passare del tempo è necessario aumentare sempre di più il numero di ripetizioni che si svolgono, e l'intensità degli esercizi.

Programmare il training è fondamentale per raggiungere i risultati desiderati; niente può essere lasciato al caso. Fare un piano settimanale è la scelta migliore; in questo modo anche alleandosi a casa da soli si saprà sempre cosa fare, e non si sprecherà tempo.

• Deve essere un allenamento progressivo; col tempo bisogna aumentare ripetizioni e intensità. Il muscolo sarà sempre stimolato e andrà ad aumentare sempre di più nel migliore dei modi. Quando si riescono a svolgere almeno 15 ripetizioni dello stesso esercizio senza fare fatica, è allora il momento di passare a rendere il movimento più intensivo e complesso.

Questi sono solo piccoli consigli a cui bisogna fare attenzione per raggiungere gli obiettivi che si è deciso di raggiungere.

Gli elementi fondamentali per sviluppare i tessuti sono:

• Dieta;

• Cibo;

• Riposo;

• Allenamento.

La combinazione di questi tre punti è importantissima per la crescita della massa muscolare.

Capitolo 2

2.1- ALLENAMENTO FUNZIONALE

Ultimamente è tornato in voga il cosiddetto "allenamento funzionale", si tratta di un tipo di training che risale a moltissimi anni fa, ma è diventato di moda solo recentemente.

L'allenamento consiste nell'esecuzione di esercizi che richiamano movimenti che vengono compiuti nella quotidianità.

Gli strumenti necessari per svolgere questo training sono solo il proprio corpo e piccoli strumenti accessori, non obbligatori; non servono sofisticate macchine come quelle che si trovano nelle palestre. L'obiettivo finale dell'allenamento funzionale non è quello di ottenere un aspetto perfetto, ma essere in grado di muoversi nell'ambiente con maggiore facilità quando vengono svolte le faccende giornaliere della quotidianità.

Si possono ottenere ottimi risultati in tempi relativamente brevi, sia sul piano estetico, che su quello di prestanza e forza fisica.

Vediamo ora quali sono i motivi per cui questo tipo di allenamento ha riscosso un grande successo tra gli sportivi:

• Vengono sviluppate tutte le abilità che il corpo già possiede naturalmente: l'allenamento funzionale oltre che a permettere il raggiungimento di una buona forma fisica, aiuta anche a sviluppare tutte le capacità che consentono al corpo di muoversi con armonia nella sua quotidianità. Il soggetto ottiene maggior elasticità, equilibrio, forza, resistenza, rapidità, coordinazione, ecc... Il fisico ottiene quindi miglioramenti sotto ogni punto di vista. Un organismo si può definire sano quando non soffre di alcun tipo di malattia e è in grado di muoversi e agire nell'ambiente circostante con armonia e facilità. Questo obiettivo si può raggiungere solo svolgendo workout a corpo libero, senza l'utilizzo di macchinari specifici. L'unica forza a cui si può attingere è quella del proprio corpo, non c'è niente che assiste i movimenti o li facilita; in palestra tutto è più semplice, ma in concreto non si impara a fare niente, non si apprendono nuove abilità, e non se ne sviluppano altre preesistenti.

• Crea cambiamenti sia a livello fisico che psicologico: tutti gli allenamenti funzionali sono diversi, ogni settimana variano e cambiando, rendendo il training sempre interessante e mai banale. Ogni workout è come una sfida continua, aumenta l'intensità degli esercizi, il numero di ripetizioni; oltre a sostenere un grande sforzo fisico, lavora molto anche la mente. Arrivati ad un certo punto il corpo cede, e quello che lo tiene in movimento è la forza della mente; si impara ad essere più determinati, a tenere duro, ed avere fiducia in se stessi. Il carattere si rafforza e si forma, questo cambiamento si va poi a rispecchiare anche nella quotidianità di tutti i giorni; quando ci si trova di fronte a un problema o a una situazione spiacevole, non si molla, ma ci si impegna al massimo per portare a termine il proprio compito. L'allenamento funzionale aiuta quindi l'organismo sotto ogni punto di vista, in tutte le sue sfaccettature.

• La persona impara a muoversi meglio all'interno dell'ambiente circostante: come punto cardine del training funzionale, non c'è il raggiungimento di una forma fisica perfetta, ma il riuscire a relazionarsi con l'ambiente circostante nel migliore dei modi;

questo implica imparare a svolgere gesti quotidiani con semplicità e armonia. Raccogliere i sacchetti della spesa, evitare un ostacolo, salire sul marciapiede, spostare un mobile, sono tutti gesti quotidiani che vengono semplificati grazie all'allenamento funzionale. Le persone svolgono movimenti senza rendersene conto, agiscono nell'ambiente e non sempre riescono a muoversi con semplicità; compiendo alcuni gesti può succedere di farsi del male. Può capitare di cadere per via di una buca, di procurarsi un danno alla schiena alzando dei sacchetti molto pesanti ecc... Se si impara a muovere il proprio corpo in modo funzionale tutto diventerà molto più semplice. Chiaramente per ottenere questi risultati è necessario lavorare su se stessi sfruttando solo la propria forza e le proprie capacità; continuando ad insistere i miglioramenti non tarderanno a manifestarsi, piano piano ci si sentirà sempre più forti e coordinarti nei gesti giornalieri. Non bisogna usare macchinari, ma solo piccoli strumenti di supporto, come per esempio dei pesi. Tutti gli esercizi sono svolti col proprio fisico, tutti i muscoli vengono attivati e questo comporta un grande lavoro dell'organismo. Quello che fornisce il training funzionale, non si può assolutamente trovare andando ad allenarsi in palestra con dei macchinari; imparare a gestire le funzioni corporee è un processo complesso e che viene sviluppato solo da questa tipologia di esercizi.

• Si possono raggiungere risultati in poco tempo: il training funzionale aiuta a sviluppare le proprie abilità fisiche, e di conseguenza porta anche al raggiungimento di una forma fisica ottimale in tempi abbastanza ridotti. Questo perché gli esercizi sono vari, intensivi, e progressivi. In ogni movimento viene sfruttato tutto il corpo nel suo insieme, non si lavora su singole zone o singoli muscoli; seguendo questo sistema si sprecano moltissime energie, e moltissime calorie, che sono da compensare con un'alimentazione adeguata. Lavorando a corpo libero si ottengono maggiori risultati svolgendo pochi esercizi, questo perché ogni movimento è frutto solo e soltanto della propria forza, non ci sono macchinari che accompagnano e assecondano l'attività. Semplici esercizi, resi più intensivi con l'aiuto di pesi, consentono di raggiungere ottimi risultati, con sessioni di allenamento ridotte e efficaci.

• È un allenamento progressivo, mai noioso o monotono: nel corso di un training funzionale si svolgono esercizi sempre diversi, divertenti ed interessanti; in questo modo non cala l'interesse e il soggetto si sente sempre spronato a dare il meglio di se, diventa come una sfida personale. Il fisico deve sempre muoversi nel suo insieme, vengono quindi proposti esercizi a corpo libero completi; col passare del tempo i movimenti diventano sempre più complessi, in modo tale che la struttura si rafforzi sempre di più. Il fatto di dover eseguire costantemente allenamenti vari, mette il fisico sempre sotto sforzo, e allo stesso tempo lo spinge a migliorarsi. Nel caso in cui si diventasse monotoni si rischierebbe dopo un pò di abituarsi, e l'organismo non risponderebbe più nel modo corretto; variando sempre i gesti, il corpo non ha invece tempo di creare una routine, è sempre stimolato a superare i propri limiti. Ad ogni workout si svolgono esercizi differenti, non si cade nella monotonia che è invece caratteristica delle palestre; questo permette di evadere dalla routine giornaliera.

2.2- E' POSSIBILE SVILUPPARE MUSCOLI A CORPO LIBERO?

Moltissime persone rimangono ancora restie quando sentono la parola "workout a corpo libero"; pensano che sia impossibile ottenere un colpo scultoreo seguendo un allenamento senza macchinari specifici e costosi. Nell'immaginario comune gli unici esercizi che si possono svolgere con il corpo sono solo flessioni, addominali, salti, squat, e niente di più; ma non è affatto così, ci sono moltissimi movimenti differenti, che stimolano il corpo fino a portarlo a sviluppare tessuto muscolare.

Quello che viene "insegnato" da riviste, televisione, programmi, è che per raggiungere la forma fisica di un bodybuilder bisogna allenarsi fino allo sfinimento, per ore ed ore in palestre, grazie all'aiuto di pesi enormi e macchinari ben studiati e strutturati. Questo ideale molto diffuso, è sbagliato; se pensiamo per esempio a coloro che praticano ginnastica artistica, possiamo vedere che hanno corpi scultorei, ma non si allenamento di certo in centri fitness; tutti i loro esercizi si basano sulla sola forza del loro corpo, che si muove nello spazio circostante. L'obiettivo finale di questi atleti non è la forma fisica perfetta, ma imparare a svolgere tutti i movimenti che gli serviranno poi per le gare; questo principio è lo stesso che si cela alla base dell'allenamento funzionale, l'unica differenza sta nel fatto che l'obiettivo non è la gara, ma la vita quotidiana.

È quindi assolutamente possibile ottenere un corpo muscoloso allenandosi a corpo libero, basta calibrare l'intensità dei movimenti in base al risultato che si desidera raggiungere; bisognerà prendere in considerazione questi elementi:

• Progressività dei pesi e dell'intensità dell'esercizio;

• Ripetere sequenze maggiori dello stesso circuito, andando avanti col tempo;

• Evitare l'isolamento muscolare, privilegiare workout completi.

Questi sono piccoli consigli da applicare per non commettere errori, e andare dritti alla meta. In un certo senso si andrà a prendere il classico training per diventare bodybuilder, e lo si ridimensionerà e modificherà, in modo tale da renderlo funzionale al 100%.

Quando si segue un programma di allenamento per bodybuilding classico è facile capire come andare a lavorare sui singoli muscoli, si usano pesi specifici e macchinari che agiscono su punti critici favorendo lo sviluppo muscolare. Quando si segue invece un programma funzionale diventa difficile andare ad agire su determinati muscoli singolarmente, si può al massimo lavorare su fasce muscolari in determinate aree. Bisogna ora capire come calcolare i pesi; con un macchinario possono impostare i kg che desidero spostare, con i pesi semplici la questione si complica un pò. Per risolvere questa problematica sono state create delle tabelle in cui si fa una correlazione tra pesi dei macchinari e numero di ripetizioni degli esercizi che sono necessarie per raggiungere lo stesso grado di intensità; grazie a questo sistema tutto si semplifica senza troppi problemi.

Negli ultimi anni l'allenamento funzionale è diventato una vera propria moda, c'è chi lo pratica a casa, e chi lo segue persino in palestra. Parliamo di un tipo di esercizi che richiamano movimenti naturali e che vengono svolti con la combinazione di più fasce muscolari contemporaneamente. Si vanno a sviluppare i muscoli con semplici movimenti, e si ottiene un fisico prestante ed armonioso nel suo insieme. Spesso capita che la parte superiore del corpo sia più sviluppata di quella inferiore, o viceversa; con questo tipo di workout non si incorre in questo problema. Non si punta sull'isolamento muscolare ma su allenamenti in cui viene incluso tutto il fisico nel suo complesso.

Inizialmente si svolgeranno poche ripetizioni per ogni movimento, ma col passare del tempo si andrà ad intensificare sempre più il training; aumenteranno il numero di ripetizioni e anche l'intensità delle stesse.

Uno dei motivi per cui è importante svolgere allenamenti brevi ma molto intensi è il seguente: si va a creare acido lattico nel corpo, che sprona i muscoli a svilupparsi grazie l'attivazione di determinati ormoni. Ovviamente sono importantissime anche le pause e i tempi di riposo tra una sequenza e l'altra, che non devono però essere troppo ampi per evitare che il fisico si fermi del tutto raffreddandosi. È importante restare sempre attivi nel corso del training per impedire che l'organismo vada incontro ad infortuni.

Capitolo 3

3.1- MASSA MUSCOLARE E WORKOUT

Coloro che puntano a incrementare i loro tessuti muscolari, devono impegnarsi molto, e svolgere allenamenti molti intensi e continuativi.

In un allenamento funzionale, per sviluppare la massa muscolare, vengono svolti esercizi che coinvolgono ampie zone muscolari, se non tutto il copro nel suo insieme. Vengono compiuti movimenti base, che sono intensificati con piccoli cambiamenti, o con l'aiuto di pesi o strumenti molto semplici. Per raggiungere i propri obiettivi bisogna puntare sulla progressione; andare ad aumentare la difficoltà degli esercizi settimana dopo settimana. Fare tutto subito sarebbe controproducente, il corpo ha bisogno di abituarsi, e riposarsi a tempi alterni.

Esistono programmi di training già prestabiliti; ad ogni modo ognuno può creare il proprio piano in base alle sue necessità.

Ci sono alcuni aspetti da tenere in considerazione per raggiungere gli obiettivi desiderati:

• Svolgere gli allenamenti con costanza: per ottenere un corpo sviluppato e scolpito, è necessario seguire almeno 3 workout intensivi per settimana; se lo si desidera possono diventare anche 4, ma non bisogna eccedere. La scelta ottimale sarebbe rappresentata dall'alternare giorni di allenamento a giorni di pausa, in questo modo i muscoli avranno tempo per riposarsi e ristorarsi. I tessuti hanno bisogno di relax, se si tira troppo la corsa si otterranno risultati non desiderati. Si può optare per programmi differenti in base alle proprie necessità; possono essere svolti per tutta la settimana workout total body, oppure ci si può concentrare su delle aree specifiche, gambe, braccia, busto. Per i principianti la scelta migliore, è quella di concentrarsi inizialmente solo su allenamenti completi, che interessano tutto il corpo, in modo tale da creare una struttura muscolare omogenea e ben definita; col tempo si potrà passare a zone mirate per accentuare i punti più deboli. Un esempio di programma settimanale per coloro che hanno già una buona massa muscolare può essere suddiviso in 3 allenamenti, ognuno dei quali comprende esercizi differenti; il primo giorno si andrà a lavorare sulle gambe, il secondo su addominali e bicipiti, il terzo dorsali e tricipiti. Ognuno può poi strutturare il piano come meglio crede e preferisce.

• Dare importanza alle pause nel corso del training: i muscoli hanno bisogno di riposarsi per poter poi continuare a performare al meglio. Sono necessari almeno 2-3 minuti di stop tra una sequenza e l'altra. Nei momenti di relax bisogna comunque rimanere attivi, è consigliabile resta in posizione eretta fermi e idratarsi con acqua o bibite con sali minerali.

• Allenarsi in coppia: nel momento in cui si perde motivazione, o si ha paura di non riuscire ad agire con costanza, si può optare per seguire un allenamento funzionale in casa con un amico, o un parente. Ognuno svolge il suo programma ma lo si fa nello stesso arco temporale per motivarsi a vicenda.

• No all'isolamento muscolare: nel training funzionale si punta sul movimento del corpo nel suo insieme, non ci si concentra su singoli muscoli come avviene per esempio in palestra con i macchinari. Per sviluppare i tessuti muscolari, e rendere il corpo funzionale, è necessario muoverlo tutto insieme, e sfruttarne il suo peso per rendere gli allenamenti complessi e difficoltosi. I pesi svolgono un ruolo importante per i muscoli; semplici esercizi possono essere resi più complessi aggiungendo semplicemente un carico sempre maggiore al movimento.

• L'allenamento deve avere la giusta durata per produrre risultati: in via generale un allenamento funzionale per essere efficace deve durare al massimo 1 ora, ma anche solo 30 minuti sono sufficienti. Se si eccede con le tempistiche di workout il corpo reagisce producendo ormoni che bloccano la crescita del tessuto muscolare. È quindi meglio puntare sull'intensità in un arco di tempo ridotto.

• Può essere utile mettere per iscritto quello che si svolge nel corso dell'allenamento: potrebbe essere davvero utile tenere un diario, in cui vengono appuntati tutti gli esercizi svolti, il numero di ripetizioni, gli strumenti accessori, i progressi raggiunti, e gli obiettivi prestabiliti. Si possono inserire piccole note personali, incoraggiamenti, opinioni sullo svolgimento del workout. Inserire tutte queste informazioni è anche molto utile per seguire un programma progressivo corretto; avendo tutto nero su bianco sarà più semplice andare poi ad aumentare il numero di ripetizioni o l'intensità dei movimenti. Non si rischierà di commettere errori o dimenticare a che punto si è arrivati.

• Seguire un'alimentazione mirata per supportare gli allenamenti: il cibo è la fonte dell'energia che il corpo umano produce, e sfrutta nel corso degli allenamenti; è quindi fondamentale nutrirsi nel modo più corretto, seguendo un'alimentazione di tipo sportivo per aiutare lo sviluppo dei tessuti muscolari. Ognuno può creare il proprio programma alimentare, in base ai propri gusti e le proprie necessità; tenendo conto dell'altezza, sesso, età, e l'obiettivo da raggiungere, è possibile fare dei calcoli per capire quante calorie sarebbero da assumere giornalmente e in che modo dovrebbero essere ripartite tra i vari principi nutritivi. Esistono anche integratori che aiutano a rafforzare l'organismo, per esempio la creatina, o le proteine. La prima aiuta a incrementare la forza e la rapidità; le seconde vengono di solito assimilate con frullati o barrette e servono per curare i tessuti muscolari e aiutarli nello sviluppo. Ovviamente questi integratori non possono andare a sostituire una sana e bilanciata alimentazione, sono solo degli aiutanti accessori; non bisogna commettere l'errore di renderli l'unico componente della propria dieta, il fisico ne soffrirebbe moltissimo, e potrebbe andare incontro a problemi seri. È fondamentale seguire una dieta specifica per tutte le varie fasi del workout, prima del training è fondamentale fare il pieno di energie, che si trovano in carboidrati e proteine. Per coloro che sono già a un buon livello, e si allenano un giorno si e uno no, è importante mantenere una giornata di completo relax muscolare, in modo tale che i tessuti possano sistemarsi e rigenerarsi in seguito agli sforzi del workout. In questo modo all'allenamento seguente non ci saranno problemi di dolori o fastidi, e il training potrà essere eseguito nel migliore dei modi.

In questa fase di recupero è importante mangiare sano e assumere il giusto quantitativo di proteine e acqua per curare i muscoli.

• Numero di ripetizioni ed intensità: in via generale un allenamento funzionale per essere efficace deve contenere dalle 4 alle 6 ripetizioni per ogni circuito di esercizi. Inizialmente per i principianti vanno benissimo 4 circuiti, andando poi avanti si dovrà arrivare almeno a 6; il training funzionale punta alla progressione, e l'aumento costante dell'intensità degli allenamenti col passare del tempo. Per sviluppare i tessuti muscolari è fondamentale seguire questo sviluppo di intensità, bisogna però sempre fare attenzione a non eccedere; in questi casi meno esercizi, ma più intesi, è la scelta migliore.

Possiamo quindi dire che fare un programma d'allenamento è forse la cosa più importante; bisogna seguire delle schede di esercizi da dividere nel corso della settimana. Per quanto riguarda la frequenza, 3 giorni d'allenamento sono sicuramente la scelta ottimale, e l'intensità di questi deve essere elevata. Per coloro che sono maggiormente allenati vanno benissimo anche 4 allenamenti per raggiungere i risultati sperati in meno tempo.

3.2- ESEMPIO DI WORKOUT PER BODYBUILDER

Il termine "bodybuilding funzionale" sembra un concetto del tutto nuovo, in realtà questo tipo di pratica risale a moltissimi anni fa. Sono tantissime le persone che negli anni passati hanno sviluppato la loro massa muscolare a corpo libero, senza recarsi in palestre con l'aiuto di macchinari costosi. C'è sempre stata una buona fetta della popolazione che ha scelto di sviluppare un corpo da dio greco usando solo la forza umana e qualche peso; già partendo dagli anni 80/90. L'obiettivo del workout non era solo l'aspetto ma anche lo sviluppo delle abilità del corpo.

Quando le palestre o i centri fitness ancora non esistevano, o non erano diffusi come ora, la maggior parte delle persone si allenava a casa, con quello che avevano a disposizione, ovvero il loro corpo e qualche attrezzo improvvisato.

È quindi possibile raggiungere i propri obiettivi anche a casa, senza spendere moltissimo denaro per un abbonamento. L'allenamento funzionale è chiaramente perfetto anche per la massa muscolare.

Gli esercizi che vengono svolti sono sempre vari e di diversa intensità; ognuno può personalizzare il suo training come meglio crede. Vediamo ora un esempio di workout settimanale per aumentare i tessuti muscolari; si tratta solo di una guida, non è per forza da seguire alla lettera, ognuno agirà poi come meglio crede.

Ecco esempi di allenamenti completi per tutto il corpo, sono da svolgere 3 volte a settimana alternandoli, e prendendo dei giorni di pausa per far ristorare i muscoli. Ogni sequenza è da completare per 4 volte, tenendo conto anche delle pause, che sono fondamentali.

• Training numero 1:

- 50 trazioni usando la sbarra o gli anelli a piacimento, in base allo strumento che si possiede, o preferisce;

- 50 flessioni usando come appoggio la palla medica;

- 10 minuti di scatti, da svolgere per forza di cose in giardino o in un parco;

- 3 minuti di pausa e relax per riprendere le forze;

- 30 squat classici;

- 50 addominali obliqui, mettetevi supini e appoggiate la caviglia destra sul ginocchio sinistro, piegate il busto verso la gamba destra. Fate lo stesso anche con l'altra gamba, 25 per parte;

- 3 minuti di pausa e relax per riprendere le forze.

• Training numero 2:

- 50 sumo squat;

- 30 jumping squat;

- 30 trazioni alle parallele;

- 3 minuti di pausa e relax per riprendere le forze;

- 10 minuti di salto con la corda;

- 20 affondi in avanti per gamba, per un totale di 40;

- 3 minuti di pausa e relax per riprendere le forze.

• Training numero 3:

- 20 affondi in dietro per ogni gamba, in totale 40;

- 30 addominali stando appesi agli anelli, portate le ginocchia contro il busto mantenendo l'equilibrio;

- 20 flessioni, tenente il corpo sollevato con mani e punte dei piedi stando proni, e piegate le braccia reggendo tutto il peso del corpo senza toccare terra;

- 3 minuti di pausa e relax per riprendere le forze;

- 10 minuti di salti alla corda;

- 5 scatti di corsa per circa 20 metri;

- 20 squat saltando;

- 3 minuti di pausa e relax per riprendere le forze.

È importante svolgere i workout con costanza, senza mollare mai, e impegnandosi sempre al massimo. Allenarsi una volta ogni tanto non serve a niente, è solo uno spreco di tempo; se si voglio raggiungere obiettivi concreti la costanza è fondamentale.

23

Capitolo 4

4.1- ALIMENTAZIONE SPORTIVA PER AUMENTARE LA MASSA

Alimentazione e allenamento vanno a braccetto, se i due elementi non vengono ben bilanciati non si avranno risultati sul corpo; ci si sentirà spossati e frustrati.

È quindi fondamentale seguire un piano alimentare adeguato per aumentare, e nutrire, i tessuti muscolari.

Vediamo ora alcuni aspetti importantissimi:

• Le proteine sono il nutriente principale dei muscoli, aiutano a svilupparli e a curarli. A ogni pasto, e dopo l'attività sportiva è utile assumerle, senza però esagerare mai.

• Per aumentare la massa, sarà necessario aumentare il quantitativo di calorie che vengono assunte giornalmente; bisogna però fare attenzione a ciò che si ingerisce. Devono essere alimenti specifici e sani che sviluppano la massa muscolare, e non quella grassa. Se invece i muscoli fossero già presenti sarebbe necessario diminuire l'apporto calorico in modo tale che la massa grassa si riduca e esca il muscolo in superficie.

Possiamo quindi dire che i muscoli hanno bisogno di essere nutriti per svilupparsi, e aumentare di volume. È importante stilare un piano di dieta settimanale ben bilanciato. Formarlo potrebbe richiedere un pò di tempo, ma sarà essenziale per non commettere errori, e saper sempre cosa mangiare e quando.

Uno dei fattori che favorisce l'aumento della massa muscolare, è sicuramente la genetica; ovvero la predisposizione del proprio corpo a questo cambiamento. Dopo di questo vengono i due aspetti fondamentali: alimentazione corretta e allenamento con riposo bilanciato.

Andiamo a concentrarci sulla dieta per aumentare la massa; questa svolge un ruolo fondamentale soprattuto per coloro che decidono di raggiungere una forma fisica da bodybuilder, o svolgono sport a livelli agonistici.

L'alimentazione corretta, è importantissima, e deve essere dotata di tutta una serie di caratteristiche immancabili:

• Giornalmente devono essere assunte più calorie di quanto è indicato generalmente: le calorie da assumere giornalmente per andare ad aumentare la massa muscolare, devono almeno corrispondere a quelle consigliate giornalmente, l'importante è non assumerne un quantitativo inferiore. Se seguire questo programma non aiuta ad aumentare massa, si può puntare a una dieta con più calorie di quelle base, in questo modo l'organismo riceverà più principi nutritivi da elaborare, utilizzare e aggiungere ai muscoli.

• Devono essere assunti tanti principi nutritivi differenti: una dieta per essere sana e positiva per l'organismo, deve essere composta da tanti elementi differenti, in modo tale che non si creino carenze nutritive. Nel corso della giornata sarebbe consigliato fare almeno 6 pasti, colazione, snack di metà mattina, pranzo, merenda, cena, snack dopo cena; mangiare così spesso e nelle giuste quantità manterrà il metabolismo sempre attivo e prestante. I tre componenti essenziali per aumentare i tessuti muscolari sono i seguenti:

- Carboidrati (glucidi): i carboidrati sono zuccheri che danno energia all'organismo, è importante tenere sempre il livello di questo nutrimento ben bilanciato, per evitare di svenire, o eccedere con l'assunzione. Si andrebbe a mettere massa grassa e ci sentirebbe spossati e stanchi. È importante ingerire carboidrati prima dell'attività fisica per dare al corpo il carburante di cui necessita per svolgere tutti gli esercizi.

- Proteine: questo è l'elemento più importante per lo sviluppo dei tessuti muscolari, per capire quante proteine è necessario assumere giornalmente bisogna fare un calcolo in base al proprio peso corporeo. È importante non assumere più di 40 g di proteine per pasto, fanno bene, ma non bisogna mai eccedere.

- Grassi (lipidi): questo nutriente serve per coprire il bisogno di grassi e vitamine di vario tipo, sarebbe ottimale dedicare a questi elementi il 25% del fabbisogno totale; in questo modo il peso non aumenterà e ci si sentirà bene e in forma.

• Scegliere una dieta sana ed equilibrata, che faccia bene all'organismo: come ogni tipo di dieta, anche quella per la massa muscolare deve aiutare l'organismo, farlo stare bene e in salute. Bisogna assumere il giusto quantitativo di calorie per compensare il dispendio giornaliero; gli organi, i muscoli e tutte le altre componenti interne devono essere sempre curate, amate e ben nutrite. Fare diete restrittive, piene di integratori, o folli, non è la soluzione per stare bene e mettersi in forma.

In linea generale la dieta per sviluppare la massa muscolare, deve essere progettata in modo da garantire un'idratazione costante, e favorire lo sviluppo dei tessuti.

4.2- DIETA NELLE DIVERSE FASI DELL'ALLENAMENTO

L'allenamento porta a dei risultati concreti solo se viene accompagnato da un'alimentazione corretta, e da uno stile di vita sano e equilibrato. Nel momento in cui si seguono workout costanti ma si mangia male, o troppo, non si avranno miglioramenti, ma forse dei peggioramenti; bisogna fare molta attenzione a questo aspetto, perché è fondamentale.

Di base gli alimenti sono una fonte energetica per il corpo, è quindi importante ingerire i giusti nutrienti prima, dopo, e nel mentre di un allenamento.

Il cibo porta degli effetti sull'organismo; ciò che provoca può essere suddiviso in due fasce temporali differenti:

• Conseguenze nel breve periodo: l'alimentazione ha conseguenze immediate sul corpo e sul suo modo di prestare. Nel breve periodo il cibo fornisce energia, o pesantezza, in base a ciò che si ingerisce.

• Conseguenze nel lungo periodo: a lungo andare il cibo influenza la salute delle persone; seguire una sana alimentazione previene diverse malattie, e porta a svilupparne altre.

È quindi chiaro capire quanto sia importante il cibo, e quanto sia collegata alla salute. In particolare colore che praticano sport devono impegnarsi a seguire un programma alimentare corretto e bilanciato. Vediamo ora come dovrebbe essere gestito il nutrimento nel corso delle varie fasi del training funzionale:

• Alimentazione prima dell'allenamento: nei momenti prima di un workout è fondamentale nutrirsi nel modo corretto, per poter poi svolgere un training perfetto. Servirà mangiare carboidrati, che sono ricchi di energia che si rilascia lentamente nel corpo. Gli alimenti più in voga sono pasta, pane, riso, frutta; bisogna invece fare attenzione a non mangiare pesante, eccedendo con i grassi, che andranno ad appesantire il corpo e rallentare la mente e le forze. In commercio esistono anche degli integratori alimentari perfetti per questo momento, aiutano a digerire e danno energia all'organismo. Come ultima cosa, ma non per importanza, c'è l'idratazione; bere sempre tanta acqua è fondamentale per dare vigore ai muscoli e a tutto il corpo nel suo insieme. Nel momento in cui non si abbia tempo, o non si riesca ad organizzarsi col cibo, o gli integratori; si può optare per della frutta di stagione.

• Alimentazione nel corso dell'allenamento: di solito nel corso del workout è necessario tenersi sempre idratati, con acqua, o bibite ricche di sali minerali; questo vale per attività che durano al massimo 40 minuti. Se l'allenamento prosegue per 1 ora, o più tempo, a quel punto è anche necessario fare piccole pause per assumere calorie e recuperare le energie.

• Alimentazione dopo l'allenamento: in seguito a degli sforzi bisogna rimettere in sesto i muscoli, nutrendoli nel modo corretto. Bisogna fornirgli le risorse di cui necessitano, per riparasi e ristorarsi dopo il training. Le proteine solo l'elemento fondamentale per la guarigione, e una rapida ripresa del tessuto. Molti soggetti tendono a bere un frullato proteico in seguito all'attività fisica, per rimettersi subito in sesto con rapidità. Passata qualche ora si può poi procedere con un pasto o uno snack, in base all'ora della giornata. Altrettanto importante è anche l'acqua in questa fase, bisogna recuperare tutti i liquidi che si sono persi sudando e faticando.

Sono da tenere ben in considerazione queste direttive; molte persone si ritrovano ad allenarsi con impegno ma non riescono a dimagrire, o ad aumentare la massa, questo perché sbagliano con l'alimentazione. Una volta preso un ritmo sarà semplice, e i risultati non tarderanno ad arrivare.

4.3- ESEMPIO DI DIETA SETTIMANALE

La dieta per aumentare la massa muscolare, è solitamente seguita da coloro che vogliono raggiungere una forma fisica scultorea, come nel caso dei bodybuilder.

Alcuni soggetti desiderano aumentare i muscoli aumentando di peso, altri vogliono perdere peso per farli risaltare di più. Andiamo ora a vedere un tipo di dieta ottimale per coloro che vogliono aumentare la massa.

LUNEDì

• Colazione:

- 300 ml di latte parzialmente scremato o vegetale;

- 1 caffè;

- 5 noci;

- 50 g di fette biscottate.

• Spuntino di metà mattina:

- 100 gi di pane di segale;

- 100 g di olio al naturale;

- 1 spremuta d'arancia.

• Pranzo:

- 200 g di lenticchie bollite;

- 100 g di mozzarella;

- 100 g di spinaci bolliti;

- Olio extravergine d'oliva a crudo come condimento.

• Merenda:

- Frullato con 200 g di banana, 170 di fragole e 1 cucchiaio di cacao amaro.

• Cena:

- 200 g di petto di pollo ai ferri;

- 100 g di cavolfiore;

- 1 panino di segale;

- 1 mandarino.

• Spuntino post cena:

- 30 g di noci;

- 1 kiwi.

MARTEDì

• Colazione:

- 300 ml di latte parzialmente scremato o vegetale;

- 1 caffè;

- 3 noci;

- 50 g di fette biscottate con marmellata del gusto preferito.

• Spuntino di metà mattina:

- 70 g di pane integrale;

- 90 g di bresaola;

- 1 spremuta d'arancia.

• Pranzo:

- 100 g di pasta integrale;

- 100 g di tonno al naturale per condire la pasta;

- 200 g di nasello ai ferri;

- 100 g di verdure a piacimento;

- Olio extravergine d'oliva a crudo per condire pesce e verdure.

• Merenda:

- Un frullato con 200 g di latte, 150 g di kiwi, 150 g di banana.

• Cena:

- 150 g di salmone al forno;

- 50 g di spinaci bolliti;

- 1 panino integrale;

- Olio extravergine d'oliva a crudo come condimento.

• Spuntino post cena:

- 30 g di anacardi;

- 1 mela.

MERCOLDì

• Colazione:

- 300 ml di latte parzialmente scremato o vegetale;

- 3 mandorle;

- 50 g di fette biscottate;

- 1 caffè.

• Spuntino di metà mattina:

- 80 gi gallette di mais;

- 80 g di tacchino;

- 1 spremuta di pompelmo.

• Pranzo:

- 180 g di insalata di riso;

- 150 di zucchine da mettere nell'insalata,

- 50 g di formaggio magro per l'insalata;

- 3 noci;

- Olio extravergine d'oliva a crudo come condimento.

• Merenda:

- 100 g di yogurt magro con frutta a scelta;

- 1 panino integrale.

• Cena:

- 3 uova sode;

- 150 g di piselli bolliti;

- 2 panini di segale;

- Olio extravergine d'oliva a crudo come condimento.

• Spuntino post cena:

- 1 quadretto di cioccolato fondente;

- 6 fragole.

GIOVEDì

• Colazione:

- 300 ml di latte parzialmente scremato o vegetale;

- 1 caffè;

- 1 yogurt con cereali.

• Spuntino di metà mattina:

- 80 g di pane;

- 80 g di formaggio magro;

- 1 spremuta d'arancia.

• Pranzo:

- 150 g di pasta da condire con sugo di pomodoro;

- 200 g di hamburger;

- 200 g di broccoli;

- Olio extravergine d'oliva a crudo come condimento.

• Merenda:

- 1 frullato con 200 g di latte vegetale, 150 g di banana, 170 g di pere.

• Cena:

- 250 g di carne bovina;

- 1 ciotola di insalata mista;

- 1 panino di segale;

- Olio extravergine d'oliva al naturale come condimento.

• Spuntino post cena:

- 1 quadratino di cioccolato fondente;

- 1 mandarino.

VENERDÌ

• Colazione:

- 300 ml di latte parzialmente scremato o vegetale;

- 1 caffè;

- 5 mandorle;

- 50 g di gallette di mais.

• Spuntino di metà mattina:

- 100 g di salmone affumicato;

- 70 g di pane integrale;

- 1 spremuta di pompelmo.

• Pranzo:

- 170 g di riso venere;

- 200 g di zucchine per condire il riso;

- 300 g di insalta di mare;

- 100 g di piselli;

- Olio extravergine d'oliva a crudo per condire.

• Merenda:

- 200 g di fiocchi di latte;

- 1 panino integrale.

• Cena:

- 300 g di sogliola al forno;

- 50 g di fagiolini;

- 1 panino di segale;

- Olio extravergine d'oliva a crudo come condimento.

• Spuntino post cena:

- 30 g di mandorle tostate;

- 1 yogurt magro.

SABATO

• Colazione:

- 300 ml di latte parzialmente scremato o vegetale;

- 1 caffè;

- 3 mandorle;

- 50 g di fette biscottate con marmellata del gusto preferito.

• Spuntino di metà mattina:

- 80 g di pane;

- 100 g di bresaola;

- 1 spremuta di pompelmo.

• Pranzo:

- 180 g di riso integrale;

- 200 g di peperoni per condire il riso;

- 100 g di sgombro al naturale;

- 1 ciotola d'insalata;

- Olio extravergine d'oliva a crudo come condimento.

• Merenda:

- 1 panino di segale;

- 100 g di fiocchi di latte.

• Cena:

- 200 g di manzo;

- 1 ciotola di insalata mista;

- 1 panino integrale;

- Olio extravergine d'oliva a crudo come condimento.

• Spuntino post cena:

- 4 noci;

- 2 mandarini.

DOMENICA

• Colazione:

- 300 ml di latte parzialmente scremato o vegetale;

- 1 caffè;

- 3 noci;

- 50 g di pane integrale con marmellata del gusto preferito.

• Spuntino di metà mattina:

- 1 spremuta d'arancia;

- 1 yogurt magro.

• Pranzo:

- 400 g di calamari bolliti da condire con sugo e olive;

- 300 g di orata al forno;

- 100 g di zucchine;

- Olio extravergine d'oliva a crudo come condimento.

• Merenda:

- Macedonia con frutta di stagione;

- Spremuta d'arancia.

• Cena:

- 200 g di mozzarella di bufala;

- 1 ciotola di insalata con pomodori;

- 2 panini integrali;

- Olio extravergine d'oliva a crudo come condimento.

• Spuntino post cena:

- 2 quadretti di cioccolato fondente;

- 40 g di mandorle.

Questo è solo un esempio di programma alimentare settimanale, può essere preso come punto di riferimento, ma non va bene per tutti, non è universale. Ognuno dovrebbe creare il suo programma inserendo alimenti che gradisce e che fanno al caso suo; la formazione del piano può essere fatta in autonomia, o con l'aiuto di un nutrizionista esperto. Ognuno è libero di scegliere l'opzione che più preferisce.

Capitolo 5

5.1- MASSA MUSCOLARE IN CASA VS PALESTRA

Al giorno d'oggi, nel momento in cui si decide di mettersi in forma e aumentare la propria massa muscolare, ci si trova di fronte a molte opzioni differenti per raggiungere l'obiettivo prefissato. Si può optare per un abbonamento in palestra, un allenamento funzionale a casa, l'iscrizione a dei corsi di gruppo, ecc...

Tra tutte le opzioni quelle più gettonate sono le seguenti: casa vs palestra. Non c'è una risposta assoluta tra quale delle due opzioni sia la migliore, ognuno deve valutare la scelta in base alle proprie necessità e disponibilità.

L'allenamento funzionale a casa, rappresenta per moltissime persone la scelta migliore da prendere, e vince di gran lunga sulla palestra. Allenarsi a casa è economico, richiede meno tempo, permette di concentrarsi maggiormente e di gestire meglio le tempistiche, ci si allena con tutto il corpo e i risultati sono ottimali. Allenandosi in palestra invece si paga un abbonamento, si entra in contatto con molte persone e questo potrebbe distrarre, i tempi sono più dilatati, e ci si concentra sull'isolamento muscolare; vengono allenati singoli muscoli con i macchinari, non il fisico nel suo insieme.

Vediamo ora alcuni degli aspetti positivi del training funzionale, e capiamo perché molti lo scelgono al posto della palestra, anche per aumentare la massa:

• Vengono eseguiti esercizi vari e utili: gli esercizi che vengono maggiormente eseguiti sono squat, flessioni, trazioni, addominali, pesi; tutto ciò viene fatto per rendere i muscoli più forti, definiti, elastici e resistenti. Tutto il training si concentra sullo sfruttamento della forza del copro umano, vengono usati solo piccoli strumenti d'accompagnamento per intensificare gli esercizi, e niente di più. Alcuni degli accessori più comuni sono le palle mediche, pesi di vario tipo, anelli, corda, parallele, sbarra, ecc... Tutti i movimenti che vengono svolti in questo tipo di attività richiamano gesti naturali, che appartengono alla quotidianità. Viene svolto principalmente in casa, o all'aperto, durante la bella stagione. Col passare del tempo si vedranno dei miglioramenti a livello estetico, ma sopratutto per quanto riguarda le prestazioni; si sarà ingrato di svolgere attività che una volta risultavano difficoltose, con estrema facilità. Bisogna sempre fare attenzione a non commettere errori, o fare movimenti errati, che potrebbero causare infortuni e malori; ogni gesto deve essere ben pensato. In palestra invece si svolgono sempre gli stessi esercizi, a lungo andare possono risultare monotoni; tutto il workout ha come unico obiettivo il raggiungimento di un bel aspetto esteriore, non si apprendono quindi abilità essenziali per relazionarsi con l'ambiente circostante. La maggior parte degli allenamenti sono svolti usando macchine ben studiate che assistono i muscoli e rendono quindi tutto molto più semplice e meno soddisfacente.

• Incrementa elasticità, equilibrio, forza, e i muscoli: l'allenamento funzionale non agisce andando ad incentrarsi sull'aspetto fisico, ma consente all'organismo di migliorare molti aspetti che lo compongono; come equilibrio, resistenza, elasticità, forza, ecc... Un workout in palestra non fornisce questo tipo di competenze e sviluppi, i macchinari forniscono una bella forma fisica ma non rendono più prestanti. I workout funzionali sono a volte svolti con strumenti accessori come pesi o palle mediche per renderli più efficaci.

• I costi sono ridotti: recandosi in palestra si pagano abbonamenti molto costosi che vincolano per mesi e mesi; allenandosi a casa con un training funzionale le spese sono irrisorie se non nulle. Si può scegliere di comprare alcuni strumenti ma non è obbligatorio, e questi di solito costano poche decine di euro. È quindi un allenamento per tutti e per tutte le tasche.

5.2- STRUMENTI ACCESSORI ALL'ALLENAMENTO FUNZIONALE

Quando si sceglie di sviluppare la massa muscolare seguendo un allenamento funzionale, è necessario accompagnare al training degli strumenti per renderlo più intenso e produttivo. Si tratta di attrezzi economici e facilmente reperibili e conservabili in casa; si può scegliere di allestire una zona di allenamento fissa, oppure ricrearla a ogni workout. Vediamo quali sono gli attrezzi più conosciuti ed utilizzati:

• Rulli in gomma: sono dei rulli fatti di gomma morbida, che seguono le forme del corpo senza creargli dolori o fastidi; hanno la giusta consistenza e sono funzionali per molti utilizzi differenti. Sono strumenti che portano enormi benefici su tutto il corpo, possono essere sfruttati su tante zone differenti, aiutano a distendere i muscoli, a prevenire crampi e a rilassare i tessuti prima o dopo un allenamento. Sono composti appunto da un rullo con ai lati un impugnatura per usarli con maggiore destrezza e facilità, per evitare che scivolino via o non si riescano ad usare su alcune parti del corpo. In commercio ce ne sono di grandezze, consistenze e colori differenti; è una buona idea fare ricerche, informarsi e capire quale rullo fa al proprio caso. Il loro costo è irrisorio è sono a dir poco miracolosi per il fisico.

• Rack station: parliamo di una struttura definita da molti anche con il termine gabbia, all'interno del quale è possibile comporre a proprio piacimento una struttura dall'allenamento. È formata da sbarre, parallele, anelli, e tubi di supporto a cui andare ad appoggiare o appendere questi strumenti. Non ne esiste un modello standard, ognuno può idearla come meglio crede, in base ai propri bisogni e agli esercizi che desidera svolgere. Grazie a questa postazione si può attuare un allenamento vario e completo, si possono fare flessioni, trazioni, addominali, piegamenti. Chiaramente non è obbligatorio creare una gabbia, si possono usare anche i singoli attrezzi in autonomia.

• Anelli: parliamo di due cerchi legati a delle corde in tessuto o metallo, che generalmente vengono appese al soffitto o a degli appostiti supporti. Questo strumento non nasce come supporto per l'allenamento funzionale, ma come elemento fondamentale della ginnastica artistica maschile; è stato però impiegato anche per questo nuovo tipo di allenamento in modo molto meno agonistico. Possiamo trovare gli anelli all'interno di una rack station; servono per sviluppare principalmente la parte superiore del corpo, portano a lavorare sulle spalle, i dorsali, addominali e le braccia. Quando si svolgono esercizi con questo attrezzo si va a sollevare con le braccia l'intero peso del proprio corpo, per far questo bisogna avere molta forza ed energia; i principianti potrebbero avere dei problemi inizialmente, ma col tempo avranno maggior forza e resistenza, di conseguenza riusciranno a svolgere gli esercizi che desiderano senza troppi problemi. Con gli anelli si mette il corpo sotto pressione, si ha un alto livello d'intensità, e i risultati non tardano a manifestarsi. Altro fattore da tenere in considerazione è l'instabilità dei cerchi, essendo attaccati a delle corde sono assolutamente mobili; bisognerà trovare anche un grande equilibrio interiore per poter svolgere bene gli allenamenti, costanza e determinazione sono fondamentali. Alcuni tra gli esercizi più comunemente svolti con questi anelli sono addominali bassi, piegamenti con le braccia, trazioni, e molto altro ancora. I cerchi sono solitamente in legno, o materiale plastico, questo tipo di materiali possono causare dei dolori ai palmi delle mani; una volta che si saranno formati i calli tutto diventerà molto più semplice.

• Battle rope: conosciuta più comunemente come corda, consente di allenare tutta la muscolatura con un solo gesto; non è da confondere con la classica corda per saltare, è molto più spessa e pesante. Aiuta a incrementare forza, resistenza, coordinamento e elasticità; viene scelta sia da coloro che desiderano perdere peso, che da coloro che vogliono aumentare i tessuti muscolari. La corda è spessa, in questo modo le braccia lavoreranno a fondo; si possono svolgere movimenti differenti, si va a lavorare su fasce muscolari diverse a seconda di dove viene tenuta la corda. Può essere posta all'altezza del bacino, a quella della nuca, sopra la testa, può essere tenuta in posizione squat, ecc... Ai lati dello strumento abbiamo come dei manubri, per agevolare la presa, e non creare doloro o fastidio alle mani; la corda è da tenere sempre con entrambe le mani, una di fronte all'altra, in modo tale da avere una presa molto solida e sicura.

• L'esercizio già diffuso ed intensivo con questo tipo di corde consiste in un' oscillazione.si[1] tengono due corde in mano, e le si muovono usando tutta la forza di cui si dispone, per fare in modo di riattivare tutti i muscoli del corpo; maggiore intensità si darà al movimento, e migliori saranno gli effetti che si otterranno. Bisogna fare attenzione a non mollare la presa sulla corda, potrebbero avvenire infortuni o danni per niente piacevoli; fare attenzione a questo aspetto è a dir poco fondamentale per agire in sicurezza. In casi estremi possono essere usate anche per

---

1. http://oscillazione.si

saltare; in linea generale però per questo movimento esistono corde di altro tipo, più leggere e manovrabili. Si possono acquistare tanti tipi di corde differenti, hanno tutte prezzi diversi ma comunque sempre contenuti; facendo le dovute ricerche ognuno troverà lo strumento che più preferisce e fa al caso proprio.

• Sand bag: questo strumento è sostanzialmente una sacca piena di sabbia, proprio come dice il suo nome. Sono molto sfruttate negli allenamenti funzionali, e ai loro lati hanno delle maniglie per maneggiarle con maggiore facilità. La loro funzione è quella di funzionare come un peso, sono di accompagnamento a moltissimi esercizi differenti; aiutano a migliorare le abilità di forza e resistenza e sviluppano moltissime fasce muscolari in tutto il corpo. Sono ottime accompagnatrici di flessioni, squat di diverso tipo e addominali. Sul mercato se ne trovano di pesi diversi, ognuno può scegliere quella che fa al caso proprio.

• Acqua bag: si tratta di una sacca colma d'acqua, la sua funzione è quella di agire come peso; ciò che la rende particolare è la difficoltà nel maneggiarla. L'acqua si muove e quindi bisogna sforzare maggiormente i muscoli per non farla cadere. È uno strumento oltre che funzionale, anche funzionale e divertente; viene vista quasi come un gioco ed è perfetta anche da accompagnare a moltissimi esercizi differenti per andarne ad aumentare l'intensità. Le palle d'acqua sono uno strumento antichissimo, anche se sono in voga da poco tempo; possono essere messe anche sotto i piedi per mantenere l'equilibrio e allenare le gambe e anche tutto il resto del corpo. Si tratta di un attrezzo molto adattabile e funzionale, deve essere usato nel modo corretto e non mollare subito. È proprio quando si inizia a provare dolore che bisogna tenere duro per far sviluppare i muscoli; essendo una base d'appoggio instabile, bisogna fare molta attenzione a non farsi male revocandosi slogature o infortuni peggiori.

• Palla svizzera: questa palla è conosciuta anche come "stability ball" ed è usata principalmente negli allenamenti funzionali. Si tratta di una palla grande e morbida che è maggiormente conosciuta ed utilizzata nei corsi di gruppo. Consente di sviluppare tutti i muscoli corporei, sviluppa l'equilibrio e la forza. Hanno una grandezza media di 80cm, se ne trovano però in commercio di diverse dimensioni. Con questo strumento si possono svolgere molti esercizi differenti, addominali, squat, flessioni; sono molto utilizzate anche in casa in autonomia. Tra tutti i benefici portano anche un miglioramento della postura, sono morbide ma non troppo e mettono in movimento tutti i tessuti muscolari. Il materiale da cui sono composte è il PVC, ovvero un composto plastico che segue molto bene le forme del corpo senza causare dolori o fastidi, di solito hanno una trama che gli impedisce di far scivolare il soggetto che le usa.

• Palla medica: è uno tra gli strumenti più diffusi, conosciuti ed utilizzati per aiutare il corpo umano. È una palla fatta di tessuto o pelle, al cui interno viene inserita della sabbia, o materiale dello stesso tipo di consistenza. Viene usata sia in determinati sport, come la pallavolo o il basket; oppure per seguire percorsi di fisioterapia. Ultimamente è diventata diffusissima anche nel mondo del functional training, viene lanciata contro pareti, usata come peso, come appoggio, e molto altro ancora. Aiuta a sviluppare forza, e resistenza; è abbastanza morbida per poter essere maneggiata, e allo stesso tempo abbastanza solida per non rompersi subendo colpi e strattoni. Sul mercato se ne trovano di diverse dimensioni e pesi, in media sono intorno ai 6 kg, ma se ne trovano anche da 1 kg per i principianti, o gli atleti alle prime armi. Queste palle sono pesanti, ma hanno apparentemente la stessa forma di una classica palla da calcio o pallavolo.

• Strength bands: sono semplici elastici sportivi, usati in moltissimi sport e discipline differenti, sia come mezzo per aumentare la resistenza, sia per fare riabilitazione o stretching. Sul mercato ne vengono proposti molti modelli diversi, alcuni sono elastici lineari, altri hanno maniglie per reggerli agli estremi, altri ancora sono circolari e quindi chiusi. Oltre a cambiare il loro aspetto varia anche il loro colore, la loro lunghezza e resistenza; alcuni sono più duri di altri, in base alla funzione che hanno. Prima di scegliere quale acquistare bisogna informarsi per bene, e pensare anche ai propri bisogni. Vengono sfruttati in moltissimi esercizi differenti, sono multitasking e comodi da portare in giro, anche in viaggio per esempio; quelli per la resistenza servono per rendere esercizi semplici più complessi e funzionali. Bisogna fare molta attenzione a quando li si usa, per evitare di causarsi infortuni mollando la presa, ci si potrebbe frustare lasciandoli andare di colpo; tenere sempre una presa salda è la prima regola. Grazie agli elastici la forza corporea aumenterà in breve tempo e si sentiranno subito i benefici riflettersi sulla vita di tutti i giorni; possono essere usati per tutto il corpo, questo li rende a dir poco perfetti sia per braccia che gambe. Il costo di questo strumento è di pochi euro, vale davvero la pena tenerli sempre a portata di mano, e prenderne diversi in base agli esercizi che si andranno ad eseguire quel determinato giorno.

• Air disc: è un attrezzo che ha la forma di un disco e serve per incrementare le abilità nell'equilibrio, oltre che per i training funzionali è molto sfruttato anche nei percorsi riabilitativi. Consiste in una struttura instabile, con una base patita dove appoggiare i piedi, e una parte inferiore tondeggiante che entra in contatto col suolo. Cercando di restare in equilibrio senza cadere andranno a lavorare moltissimi muscoli in tutto il corpo.

• BOSU: è uno strumento specifico per sviluppare l'equilibrio; BOSU è l'acronimo di "both sides up", tradotto in italiano "su entrambi i lati". Questo attrezzo serve per sviluppare l'equilibrio, è formato da una parte tonda e una piatta ed ha una dimensione di circa 60 cm. Il soggetto lo usa per stare in equilibrio e sviluppare tutti i muscoli nel suo insieme, quando iniziano a bruciare bisogna resistere, e i risultati non tarderanno ad arrivare. Per funzionare nel modo corretto deve sempre essere ben gonfio per evitare cadute. In passato non era un attrezzo adibito all'allenamento funzionale, veniva usato dai medici per risolvere nei pazienti problemi di cattiva postura o alla schiena. Questo attrezzo va bene per tutti, è quasi considerato come un gioco divertente, che va anche a rafforzare le articolazioni senza lederle.

• Kettlebell: è uno dei pesi più diffusi nell'allenamento funzionale, assomiglia a un campanaccio di quelli che vengono appesi al collo delle mucche, con al di sopra attaccato un manico per reggerlo nel corso dei vari esercizi. Sul mercato ne propongono di pesi differenti, si trovano dai 16 kg, che è la misura più usata, fino a 40 kg. Quelle di questo peso sono riservate a coloro che sono a una fase dell'allenamento molto avanzato. Questo peso serve per sviluppare la massa muscolare e la resistenza, viene abbinato a squat, flessioni, e molti altri tipi di esercizi. Nella parte inferiore della kettlebell abbiamo una struttura piatta che si può appoggiare al suolo; vengono fatte in ferro, o materiali plastici. Le prime sono più costose delle seconde, ma sono più rischiose; a ogni modo il loro costo è sempre molto contenuto, rientra in una fascia medio-bassa. Nel caso il peso cadesse su un piede potrebbe causare dei gravi danni, bisogna stare sempre molto attenti quando si manovrano pesi così considerevoli.

Conclusioni

Nella società odierna l'aspetto esteriore è come un biglietto da visita, viene considerato importantissimo, ed è proprio per questo che moltissime persone puntano al raggiungimento di una forma fisica perfetta.

L'aspetto esteriore non è però la cosa principale, in passato le persone si allenavano per diventare agili, forti, prestanti; l'estetica mutava di conseguenza, ma non era quello il fine ultimo.

Ancora oggi è importante avere un approccio di questo tipo, è importante avere un bell'aspetto, ma lo è ancora di più essere in grado di saper usare il proprio corpo al meglio all'interno dell'ambiente. L'allenamento funzionale porta proprio al raggiungimento di questo obiettivo.

Esiste uno stretto legame tra risultato estetico e abilità fisica, questa relazione viene chiamata "ipertrofia muscolare".

L'allenamento funzionale può essere seguito anche per l'aumento della massa muscolare; principalmente si sceglie però di adottare questo tipo di workout per migliorare la propria salute, imparare a relazionarsi meglio con l'ambiente circostante, e sentirsi meglio con se stessi; più forti, resistenti e prestanti.

Questo tipo di allenamento è a corpo libero, per praticarlo serve infatti solo il proprio fisico e in determinate situazioni piccoli strumenti economici d'accompagnamento; parliamo per esempio di una sbarra, di una palla medica, di pesi, corde, elastici, ecc...

Andando a sfruttare tutta la forza che si possiede i muscoli non potranno fare altro che svilupparsi, e andare ad aumentare col passare del tempo, e l'intensificarsi degli esercizi; si tratta di un percorso progressivo, in cui le ripetizioni e l'intensità dei movimenti vanno sempre ad aumentare, per stimolare sempre il corpo.

Nel momento in cui si sceglie di seguire questo tipo di training per sviluppare la massa, bisogna fare attenzione a determinate cose, se non si vuole cadere in errori:

• Eseguire sempre la stessa sequenza di esercizi: un aspetto principale dell'allenamento funzionale è che deve essere sempre vario e mai monotono; gli esercizi devono essere sempre diversi, in questo modo il corpo sarà stimolato al meglio e si potranno ottenere dei chiari risultati in tempi non troppo dilatati. Ognuno può stilare un piano di allenamento vario e personalizzato in base ai propri gusti, e le proprie necessità; non esiste un programma fisso universale e uguale per tutti. Alcuni preferiscono allenarsi la mattina, altri il pomeriggio, altri il lunedì, altri ancora il martedì, alcuni amano fare un determinato tipo di esercizio, e altri lo odiano, ecc... E' tutto molto singolare e personale. È importante cambiare sempre i movimenti anche per non andare a pesare sempre sulle stesse articolazioni, o le stesse parti del corpo, si potrebbe andare incontro a problemi alle gambe o alla schiena; modificando sempre il training invece non si andrà ad affaticare nessuna zona in particolare. Il corpo resterà sempre attivo e stimolato a migliorarsi.

• Non concentrarsi su un solo muscolo per volta: è importante svolgere sempre allenamenti per tutto il corpo, in questo modo si consumeranno più calorie, diminuirà il grasso, e aumenterà invece la massa muscolare. I tessuti si svilupperanno con omogeneità e l'organismo ne beneficerà ampiamente; non ci saranno zone più o meno sviluppate di altre, come spesso accade in palestra.

• Esagerare con la durata del workout: i training funzionali sono efficienti e non richiedono molto tempo; bisogna fare attenzione a non buttare via troppe ore, sennò allenarsi potrebbe diventare come un peso, un obbligo. Con troppo sforzo i muscoli soffrirebbero, e al posto che ottenere risultati positivi, si andrebbe incontro a diversi problemi. L'allenamento fa bene quando è giusto, non quando è esagerato; è consigliabile fare un programma di training settimanale prestabilito, in modo tale da gestire al meglio le tempistiche.

• Fare troppi allenamenti di solo cardio: fare molta attività cardio porta a bruciare calorie e a perdere peso, non è di certo obiettivo di chi vuole un corpo da dio greco dimagrire. La corsa per esempio può essere utile in piccole dosi solo come riscaldamento, bisogna fare attenzione a non eccedere o al posto di mettere massa muscolare si andrà solo a eliminare quella grassa. Oltre a questo fare troppo cardio può comportare lesioni alle articolazioni, come per esempio alle ginocchia, che soffrono per lo sforzo se è esagerato. Massimo mezz'ora di corsa è consentita, non di più se non si vogliono ottenere effetti indesiderati.

Oltre a questo, per aumentare la massa muscolare, è importantissimo seguire un'alimentazione adeguata, ricca di proteine e sani nutrienti. Se si riuscirà a bilanciare questi due aspetti col tempo si otterranno i risultati desiderati.

Don't miss out!

Visit the website below and you can sign up to receive emails whenever Tony Bramlett publishes a new book. There's no charge and no obligation.

https://books2read.com/r/B-A-EBDCC-QWKZE

BOOKS 2 READ

Connecting independent readers to independent writers.

Did you love *Massa Muscolare: Scopri i Segreti dell'Allenamento Funzionale a Corpo Libero e la Definizione da Casa con una Preparazione Atletica e Alimentazione Sportiva per la Massa Muscolare e il Body Building*? Then you should read *Bodybuilding: I Segreti del Body Building, l'Allenamento in Palestra per Mettere Massa Muscolare, Sviluppare Muscoli e Addominali*[1] by Tony Bramlett!

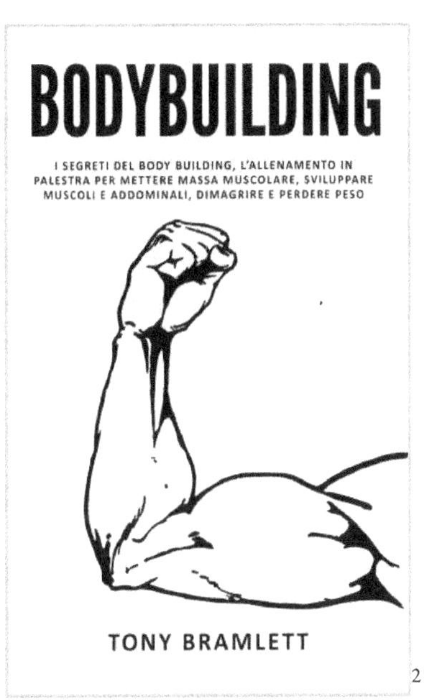

[2]

Ti sei mai chiesto come mai tantissime persone vanno in palestra ogni settimana, mangiano regolarmente, si impegnano e non ottengono risultati? Al contrario, altri sembrano in grado di

---

1. https://books2read.com/u/49A72p

2. https://books2read.com/u/49A72p

costruirsi un fisico da body builder in pochi mesi e quasi senza sforzo?

In questo libro andremo a vedere le motivazioni scientifiche dietro questa disparità e capiremo come puoi anche tu renderti la vita semplice e iniziare a vedere i risultati a cui aspiri.

Leggendo Bodybuilding scoprirai ...

La scienza e la matematica dietro la crescita muscolareI principi della corretta alimentazione e perché mangiare poco può, spesso, essere dannosoCome progredire in maniera costante e non restare mai bloccati su un certo pesoCome i professionisti organizzano i periodi di massa e quelli di definizioneLe tecniche per misurare i tempi di recupero e lo sfinimento muscolareCome identificare ed evitare il sovrallenamentoForza VS Massa, a quale punti e perché?Gli integratori. Quali usare e come usarli?L'anatomia del body builderI 7 errori da evitare ad ogni costo

Also by Tony Bramlett

Bodybuilding: I Segreti del Body Building, l'Allenamento in Palestra per Mettere Massa Muscolare, Sviluppare Muscoli e Addominali

Alimentazione Sportiva: Scopri i Segreti della Dieta per l'Allenamento Funzionale a Corpo Libero e la Definizione da Casa per una Preparazione Atletica, Sviluppo di Massa Muscolare e Body Building

Alimentazione Sportiva: Scopri i Segreti della Dieta per l'Allenamento Funzionale a Corpo Libero e la Definizione da Casa per una Preparazione Atletica, Sviluppo di Massa Muscolare e Body Building

Massa Muscolare: Scopri i Segreti dell'Allenamento Funzionale a Corpo Libero e la Definizione da Casa con una Preparazione Atletica e Alimentazione Sportiva per la Massa Muscolare e il Body Building

About the Author

Tony è un istruttore di fitness italiano. Vive a Milano.